ぱ	ば	だ	ざ	が	ん	わ	ら
ぴ	び	ぢ	じ	ぎ		(い)	り
ぷ	ぶ	づ	ず	ぐ		(う)	る
ぺ	べ	で	ぜ	げ		(え)	れ
ぽ	ぼ	ど	ぞ	ご		を	ろ

ぴゃ	びゃ	ぢゃ	じゃ	ぎゃ
ぴゅ	びゅ	ぢゅ	じゅ	ぎゅ
ぴょ	びょ	ぢょ	じょ	ぎょ

日本語の力がのびる

ことばあそび 1

ひらがな・カタカナ

京都女子大学教授
吉永 幸司 監修

日本語《にほんご》の力《ちから》がのびる　ことばあそび❶

ひらがな・カタカナ　もくじ

この本《ほん》を読《よ》むみなさんへ

友《とも》だちとあそんでいるとき、「こういうことを四字熟語《よじじゅくご》では『一石二鳥《いっせきにちょう》』というんだよ」と、いったら、みんなはびっくりすることでしょう。友《とも》だちには、いままでいじょうに、あなたがかしこくみえているはずです。日記《にっき》をかくとき、少《すこ》しくふうをして、内容《ないよう》をくわしくかけば、「かくことがじょうずになった」と、先生《せんせい》や親《おや》からほめてもらってよい気分《きぶん》になるのはまちがいなし。あそびの相談《そうだん》のとき、進《すす》んで、しりとりやだじゃれを始《はじ》めたら、なかよしがいっぱい広《ひろ》がります。この本《ほん》には、ことばをとおして、人気《にんき》ものになったり、ものしりになったりするネタがたくさんつめられています。

よく本《ほん》を読《よ》む人《ひと》は、たくさんのことを知《し》っていて、考《かんが》える力《ちから》もあります。よく本《ほん》を読《よ》む人《ひと》になるためには、本《ほん》を読《よ》む基礎《きそ》になることばの力《ちから》もしっかりつけておくことがだいじです。それを、国語《こくご》の基礎《きそ》といいます。この本《ほん》を読《よ》んでいくと、しらずしらずのうちに国語《こくご》の基礎《きそ》となる力《ちから》がついていくようなしくみになっています。おもしろいところは自分《じぶん》でやってみてください。新《あたら》しく知《し》ったところはていねいに読《よ》んでください。この本《ほん》が、みなさんを楽《たの》しい世界《せかい》にみちびく友《とも》だちになってほしいと思《おも》っています。

京都女子大学教授《きょうとじょしだいがくきょうじゅ》　吉永幸司《よしながこうし》

きいろの星《ほし》の数《かず》が、そのページでしょうかいするあそびのむずかしさをあらわしているよ。

マークのみかた

やってみよう！

だれもがすぐにできるあそびや、ゲームをしょうかいしているよ。

はってん

「やってみよう！」よりも、すこしむずかしいあそびをしょうかいしているよ。

国語《こくご》はあまりとくいじゃないけれど、だじゃれはすき。
まき
だいすけ
国語《こくご》が大《だい》すき！オウムのミドリをかっているよ。
ミドリ

おしゃべりずきなオウム。

ことばあそび ①

まちがえずにいえるかな
はや口《くち》ことば かちぬき大会《たいかい》

しゃべりにくいことばをならべた「はや口《くち》ことば」。アナウンサーも、はっきりと話《はな》せるように「はや口《くち》ことば」をれんしゅうするんだ。「はや口《くち》ことば」でかちぬき大会《たいかい》をしよう。

ピンクの文字《もじ》に気《き》をつけて、なるべくはやく読《よ》んでみよう。

となりの
きゃくはよく
かきくう
きゃくだ

ほかにも、こんな「はや口《くち》ことば」があるよ。
いくつしっているかな。

かえる　ぴょこぴょこ　三《み》ぴょこぴょこ
あわせて　ぴょこぴょこ　六《む》ぴょこぴょこ

おあやや　おやに　おあやまり

おあや

なまむぎ　なまごめ　なまたまご

バス　ガスばくはつ

ぼうずが　びょうぶに　じょうずに　ぼうずの　絵《え》を　かいた

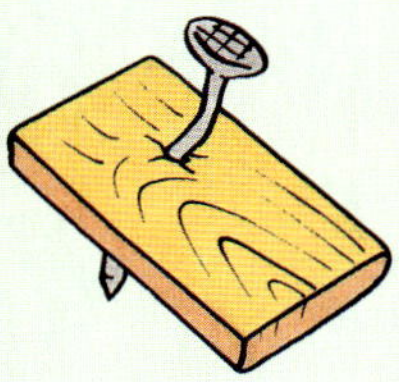

ひきぬきにくい　くぎ

青《あお》まき紙《がみ》　赤《あか》まき紙《がみ》　黄《き》まき紙《がみ》

なま
まま……。
おなじ
ことばの
くりかえしが
おおいね。
うわあ、
むずかしそう
だなあ。

やってみよう！「はや口《くち》ことば」かちぬき大会《たいかい》

「はや口《くち》ことば」をつっかえずにいえるか、友《とも》だちとしょうぶしよう。さいごまでかちのこるのは、だれかな？

そのまえに、まずはれんしゅうしよう。

「はや口《くち》ことば」がじょうずになるコツ

- はじめはゆっくりとくりかえしてみて、じょうずにいえるようになったらはやくいおう。
- れんしゅうでは、ひとつひとつのことばをくぎっていおう。口《くち》を大《おお》きくうごかして、はっきりと声《こえ》をだしてね。
- 本番《ほんばん》では、口《くち》とかたの力《ちから》をぬいて、リズムにのっていおう。

ようい するもの　「はや口《くち》ことば」をひとつずつかいた紙《かみ》　十《じゅう》まいくらい

あそびかた

1. ふたつのチームにわかれて、チームのなかでじゅんばんをきめよう。しかいをする人《ひと》をひとりきめておいてね。
2. チームからひとりずつまえにでよう。しかいをする人《ひと》が「はや口《くち》ことば」をかいた紙《かみ》をみせ、まえにでたふたりは、こうたいでおなじ「はや口《くち》ことば」をいおう。
3. つっかえた人《ひと》がまけ。かった人《ひと》はのこって、まけた人《ひと》はつぎの人《ひと》とかわる。ひきわけのときは、つぎの「はや口《くち》ことば」でたいけつしよう。
4. どちらかのチームがさいしょの人《ひと》にもどったら、そこでおしまい。

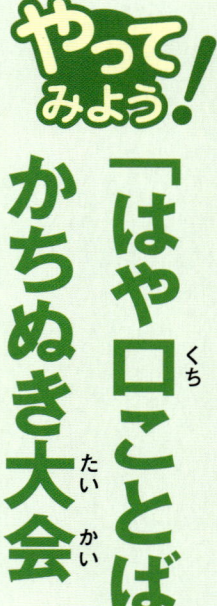

はってん

オリジナルの「はや口《くち》ことば」をつくってみよう！

いままでみてきたのは、むかしからつたわる「はや口《くち》ことば」だけど、じぶんでつくってみると、もっとたのしいよ。むかしからある「はや口《くち》ことば」をまねしてつくってみよう。できた「はや口《くち》ことば」で、もういちど、6ページのかちぬき大会《たいかい》をしよう。

まきの
まきがみ
まきにくい。

「はや口《くち》ことば」をつくるコツ

- 「青《あお》まき紙《がみ》 赤《あか》まき紙《がみ》 黄《き》まき紙《がみ》」のように、おなじことばがくりかえしでてくると、つっかえやすいよね。にていることばがくりかえしでてくるように、つくってみよう。
- 「びょうぶに じょうずに」のように、小《ちい》さな「ゃゅょ」がはいることばがくりかえされても、つっかえやすい。「しゅう」「しょう」や、「ひゃ」「ひゅ」「ひょ」などをいれてみよう。

こんな「はや口《くち》ことば」ができたよ。

- 黒《くろ》ごま すりごま 白《しろ》ねりごま
- しょうぼう車《しゃ》 きゅうきゅう車《しゃ》 ミキサー車《しゃ》
- ひょうしょうじょう じゅよしき
- きつつき 木《き》につき 月《つき》につく
- しゅじいは しゅじゅつ室《しつ》で しゅじゅつ中《ちゅう》

ピンクの文字《もじ》が
つっかえ
やすい
ところだよ。

歌舞伎《かぶき》にでてくる「はや口《くち》ことば」

むかしからしたしまれてきた「はや口《くち》ことば」。歌舞伎《かぶき》のせりふにも「はや口《くち》ことば」がでてくるよ。『外郎売《ういろううり》』という歌舞伎《かぶき》には、主人公《しゅじんこう》が「外郎《ういろう》」というくすりのききめをしょうめいするために「はや口《くち》ことば」で話《はな》す場面《ばめん》がある。ここがこの歌舞伎《かぶき》の大《おお》きな見《み》せ場《ば》なんだ。つぎにしょうかいしているのは、そのせりふの一部分《いちぶぶん》。みんなもちょうせんしてみよう。

古栗《ふるくり》の木《き》の古切《ふるき》り口《くち》。雨《あま》がっぱか番《ばん》がっぱか。
きささまがきゃはん*も皮《かわ》ぎゃはん、
われらがきゃはんも皮《かわ》ぎゃはん。

＊きゃはん〔脚絆〕＝むかし、旅行《りょこう》のときに足《あし》をけがから守《まも》るために、ひざから下《した》にまいたぬの。

★★★
ことばあそび ②

リズムにあわせて かぞえ歌《うた》であそぼう

一《いち》から十《じゅう》までの数字《すうじ》がはいった「かぞえ歌《うた》」をしっているかな。声《こえ》にだしていってみよう。

いちじく にんじん
さんしょに しいたけ
ごぼうに むくろじ＊
ななくさ はつたけ
きゅうりに とうがん

「いち」「に」「さん」や「ひい」「ふう」「みい」という数字《すうじ》の読《よ》みかたをならべてつくった歌《うた》を「かぞえ歌《うた》」というよ。きみだけの「かぞえ歌《うた》」をつくって、みんなであそぼう。

＊むくろじ〔無患子〕＝かたい実《み》がなる木《き》。実《み》をほして、はねつきのはねにつかった。

ほかにもいろいろな
「かぞえ歌《うた》」があるよ。

いっぴき
にひき
さんまの
しおやき
ごはんの
むれたの
なっぱ
はっぱ
きゅうり
とまと

ひとつ　ひばちで　やいたもち
ふたつ　ふくふく　ふくれもち
みっつ　みごとに　できたもち
よっつ　よごれて　きなこもち
いつつ　いしゃさま　くすりもち
むっつ　むくむく　むくれもち
ななつ　ななくさ　ぞうにもち
やっつ　やしきで　できたもち
ここのつ　こ*んやで　そめたもち
とおで　とっちゃん　せ**んきもち

「もち」で
おわることばを
ならべたかぞえ
歌《うた》だよ。

いっちゃんちの
にいちゃんが
さんちゃんちで
しっこして
ごめんも　いわずに
ろくでなし
しちめんちょうに
はたかれて
くやしくなって
とぼけてる

ぷぷぷっ。
おもしろいね。

＊こんや〔紺屋〕＝着物《きもの》などにするたんものを、そめるしごとをする店《みせ》。　＊＊せんき〔疝気〕＝おなかがいたくなるびょうき。

やってみよう！

オリジナルの「かぞえ歌《うた》」をつくろう

ものを数《かぞ》えることばと、ひびきがにていることばをさがして、「かぞえ歌《うた》」をつくってあそぼう。ものを数《かぞ》えることばには「いち」「に」のほかにも、「ひとつ」「ふたつ」や「ひい」「ふう」というものもあるね。

まずは、かんたんなものから。さいしょは「いちじくにんじん」の歌《うた》をさんこうにして、食《た》べものの「かぞえ歌《うた》」をつくってみよう。

「かぞえ歌《うた》」をつくるコツ

- 「いちょう」「にんにく」のように、数《かぞ》えることばがはいっているものをさがして、たくさんかきだしていこう。
- 「いち」からじゅんに、ことばをならべてつなげていこう。
- 食《た》べもののほかにも、どうぶつやしょくぶつ、虫《むし》の名《な》まえなど、テーマをきめてならべてもおもしろいね。

食《た》べものがテーマの「かぞえ歌《うた》」をつくったよ。

いちご　にぎりずし
サンドイッチに　ししとう
ごまに　ローストビーフ
シチュー　はちみつ
くり　まんじゅう

「いのしし」のように、数《かぞ》えることばとことばのさいしょの音《おん》がおなじものや、「しろくま」のように、ことばのあいだに数《かぞ》えることばがはいるものをさがしてもいいよ。

いのしし　にわとり
さる　しまうま
ゴリラ　しろくま
なまけもの　みつばち
くま　じゅうしまつ

「かぞえ歌《うた》」をお話《はなし》にしてみたよ。

ひとつ　ひんやり　すずしい　森《もり》に
ふたつ　ふくろうの　なき声《ごえ》が　するよ
みっつ　みんな　いなくなっちゃって
よっつ　よみちを　ひとりで　とぼとぼ
いつつ　いつになったら
つくのかな
むっつ　むこうの
木《こ》かげで　ごそごそと
ななつ　なにかが
うごいている
やっつ　やみの
なかに　むかって
ここのつ　こっちへ
こいと　ささやいたら
とおで
とうとう……でたぁ！

はってん

「かぞえ歌《うた》」であそぼう

おじいさんやおばあさんが子《こ》どものころは、「かぞえ歌《うた》」をうたいながら、お手玉《てだま》やはねつきをしてあそんだよ。

みんなも「かぞえ歌《うた》」をうたいながら、お手玉《てだま》をしよう。十《とお》まで数《かぞ》えたら、はじめにもどってくりかえそう。どこまでつづけられるかな？

お手玉《てだま》のほかに、紙《かみ》ふうせんやボールをついて数《かぞ》えてもいいね。竹馬《たけうま》でなん歩《ぽ》あるけるか数《かぞ》えたり、サッカーのリフティングがなん回《かい》できるか数《かぞ》えたり、いろいろなときにつかえるよ。

つくった「かぞえ歌《うた》」を、みんなでたのしんでね。

ことば
あそび
3

白《しろ》いものといえば……?

れんそうして しりとり歌《うた》

白《しろ》いものといえばうさぎ? さとう? ことばと、そのようすをあらわすことばをつなげていく「しりとり歌《うた》」をうたおう。つぎつぎとちがうものにかわっていくのがおもしろいね。

「さよなら三角《さんかく》」という歌《うた》をしっているかな?
むかしからある歌《うた》で、四角《しかく》から思《おも》いうかぶことばをどんどんつなげた歌《うた》だよ。

さよなら　三角《さんかく》
またきて　四角《しかく》
四角《しかく》は　とうふ
とうふは　白《しろ》い

白《しろ》いは　うさぎ
うさぎは　はねる
はねるは　かえる
かえるは　青《あお》い
青《あお》いは　やなぎ
やなぎは　ゆうれい
ゆうれいは　きえる
きえるは　電《でん》気《き》
電《でん》気《き》は　光《ひか》る
光《ひか》るは
おやじのはげあたま

やってみよう!

れんそうして しりとりしよう

ようい するもの 紙《かみ》　えんぴつ

あそびかた

❶じゅんばんをきめて、はじめの人《ひと》が「きゅうしょく」のように、ことばをひとついう。いったことばを紙《かみ》にかいて、つぎの人《ひと》にまわそう。

❷つぎの人《ひと》は、「きゅうしょくは　おいしい」のように、はじめの人《ひと》のことばから思《おも》いつくものをいって、紙《かみ》にかきたす。さらにつぎの人《ひと》は、「おいしいは　カレー」のようにどんどんつなげていこう。

❸だれかが、それまでにでたことばをいってしまったり、ことばがでてこなくなったりしたら、そこでおしまい。

タンポポは 黄色《きいろ》
黄色《きいろ》は バナナ……

「れんそうしりとり」を長《なが》くつづけるコツ

- 「リンゴは　赤《あか》い」や「ボールは　丸《まる》い」のように、ものの色《いろ》やかたちをいうのが、いちばんかんたん。
- 色《いろ》やかたちだけでなく、「車《くるま》は　はしる」のように、うごきをあらわすことばもいれてみよう。
- 「けしゴムは　つかうと小《ちい》さくなる」のように、ものがかわっていくようすや、「おかあさんは　すぐおこる」のように、人《ひと》のせいかくや、くせなどもいれてみよう。

おかしが すきなのは まきちゃん
まきちゃんは わすれっぽい
ひどーい

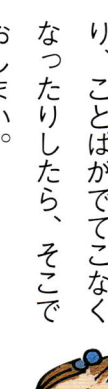

はってん

リズムにあわせてれんそうゲーム

「れんそうしりとり」をつなげるとき、かんがえすぎてしまうと、かえってつぎのことばがでてこなくなるよ。みんなで手《て》びょうしをしながら、リズムにのってこたえよう。

あそびかた

❶答《こた》えるじゅんばんと、「ノート」などの、さいしょのことばをきめて、わになろう。

❷リズムにあわせて手《て》をたたこう。

❸「せーの」でみんなで「ノートは」と声《こえ》をそろえ、さいしょのひとは「白《しろ》い」など、れんそうしたことばを手《て》びょうしにあわせていおう。

❹テンポにおくれないように、どんどんとつなげていこう。

ノートは
白《しろ》い
白《しろ》いは
雪《ゆき》
雪《ゆき》は
つめたい……
パンッ
パンッ

おわりの音《おん》でしりとりする歌《うた》

ことばの意味《いみ》かられんそうするのではなく、ことばのおわりの音《おん》をつなげる「しりとり歌《うた》」もあるよ。これは明治《めいじ》時代《じだい》からあるもので、子《こ》どもたちもうたってあそんだよ。

＊ぼたんにからじし　竹《たけ》にとら
とらをふんまえ　＊＊和藤内《わとうない》
内藤《ないとう》さまは　さがりふじ
ふじみ西行《さいぎょう》　うしろむき
むきみはまぐり……

とつづいていくよ。

ぜんぶで五十回《ごじっかい》もしりとりしている、すごく長《なが》い歌《うた》なんだよ。

＊ぼたんにからじし〔牡丹に唐獅子〕＝むかしは絵《え》をかくときに、「ぼたんにからじし（ライオンのこと）」「竹《たけ》にとら」は、組《く》みあわせるとよい図《ず》がらになるとされた。にあうもののたとえとしてこのことばがつかわれる。

＊＊和藤内《わとうない》＝江戸時代《えどじだい》につくられた浄瑠璃《じょうるり》『国性爺合戦《こくせんやかっせん》』の主人公《しゅじんこう》。とらをつかまえる場面《ばめん》がゆうめい。

★★★

ことば あそび ④

ひらがなでかくとおなじ おなじ音《おん》でも べつのことば

つぎのことばは、おなじ音《おん》でもべつの意味《いみ》をもっているよ。

どうぶつの「かめ」と水《みず》などをいれる「かめ」、ひらがなでかくとおなじでも、意味《いみ》はぜんぜんちがうね。このようなことばは、「はし」や「くも」など、ほかにもたくさんあるよ。

緑色《みどりいろ》のことばがもつ、ふたつの意味《いみ》で、
つぎの文《ぶん》を読《よ》んでみよう。
どちらの意味《いみ》でもつうじるよ。

かみを きる。

かみの毛《け》と紙《かみ》

あじが いい。

魚《さかな》のあじと味《あじ》

とうさん かえる。

帰《かえ》るとカエル

ふくを きる。

切《き》ると着《き》る

みて あのかっこう。

かっこうと鳥《とり》のカッコウ

そこに あるよ。

場所《ばしょ》をさす「そこ」と底《そこ》

音《おん》を聞《き》いただけでは、どっちの意味《いみ》かわからないね。

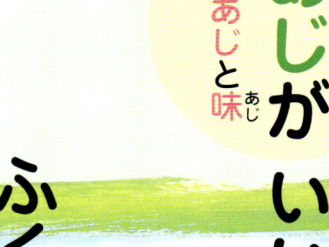

やってみよう！

おなじ音《おん》のことばをみつけよう

おなじ音《おん》でも意味《いみ》がちがうことばは、ものの名《な》まえのほかにも、どうさをあらわすことば、ようすをあらわすことばにもあるよ。国語《こくご》じてんでひいてみよう。たくさんみつかるよ。

おなじ音《おん》のことばをみつけるコツ

● はやくみつけるには、国語《こくご》じてんをひくのがいちばん。もっていないときは、本《ほん》にでてきたことばからかんがえたり、みぢかなものかられんそうしたりしてみつけよう。

● 思《おも》いついたことばは、紙《かみ》にひらがなでかいてみよう。ひらがなにしてみると、ほかのことばを思《おも》いつきやすいよ。

たこ〔凧〕　細い竹の骨組をはりつけて、凧を空にあげるおもちゃ

たこ〔蛸〕　海にすむ生がなくやわらかい体

たこ　手足などの、よくところのひふがかたく

国語《こくご》じてんは、
ことばを五十音《ごじゅうおん》
じゅんにならべて、
ことばの意味《いみ》を
かいせつした本《ほん》だよ。

こんなことばがみつかったよ。

あめ
め
はな
くじ
あたり
はずれ
は
そば
もも
くら

ほかにも、こんなことばがあるよ。

きく
●聞《き》く ●（くすりが）きく
●（気《き》が）きく ●（花《はな》の）キク

やかん
●夜間《やかん》
●（お湯《ゆ》をわかす）やかん

はなす
●話《はな》す
●（ふたつのものを）はなす

すむ
●（家《いえ》に）すむ ●（水《みず》が）すむ
●（ようじが）すむ

あつい
●（本《ほん》や布《ぬの》などが）あつい
●（気温《きおん》が高《たか》くて）あつい
●（お湯《ゆ》などが）あつい

おもい
●思《おも》い ●重《おも》い

はってん

おなじ音《おん》のことばでしんけいすいじゃく

おなじ音《おん》のことばを、二《に》まいのカードにわけてかこう。絵《え》もいっしょにかいてね。

十組《じっくみ》くらいつくって、トランプの「しんけいすいじゃく」のように、うらがえしてならべ、めくってそろえてあそぼう。

切《き》れ目《め》がかわると意味《いみ》がかわる文《ぶん》

切《き》る場所《ばしょ》をかえると、文《ぶん》の意味《いみ》がまったくかわってしまうことがあるよ。ほかにもないか、さがしてみよう。

くるまでまとう。
●車《くるま》で　まとう。
●来《く》るまで　まとう。

ぱんつくった。
●パン　つくった。
●パンツ　くった。

はらいたい。
●（お金《かね》を）はらいたい。
●はら　いたい。

ありがたかった。
●ありがたかった。
●ありが　たかった。

★★☆

ことば あそび 5

だじゃれを つくろう

だじゃれをいうのはだれじゃ

「ふとんがふっとんだ」なんていうだじゃれを聞《き》いたことがあるかな？　おなじ音《おん》でもべつのことばや、にていることばを組《く》みあわせて文《ぶん》にすると、おもしろいだじゃれができるよ。

サラダのさらだ。

カレーがかれー。（からい）

イクラはおいくら？

とりにく、とりにくい。

とっ手《て》をとって。

バスをけとばす。

いるかはいるか？

かこいができたよ。かっこいー。

ぶどう、ひとつぶどう？

ぶつぞうがぶつぞう。

レモンのいれもん（いれもの）

どかんがばくはつした。どっかーん。

へいができたね。へえ。

ないぞうがないぞう。

やってみよう！

だじゃれをヒントになぞなぞをとこう

つぎのなぞなぞの答《こた》えがわかるかな。音《おん》がおなじことばや、にていることばをかんがえると、ヒントがみえてくるよ。

なぞなぞをとくコツ

● だじゃれは「かこい」と「かっこいい」のように、にた音《おん》のことばをひっかけてある。なぞなぞをとくときも、にた音《おん》のことばをかんがえてみよう。

なぞなぞ

1 いくときに、はかまがひつようになるぎょうじは？

2 あめをなめていったことばは？

3 田中《たなか》さんがこうたずねたよ。「あれは○○か？」

4 ねずみの大《おお》きさはどのくらい？

5 男《おとこ》の子《こ》が池《いけ》におちたよ。どんな音《おと》がするかな？

6 やおやさんで、すいかを指《ゆび》さして、たずねたことばは？

7 はくさいを食《た》べていわれたことは？

答《こた》え

1 はかまいり 2 あめー（あまい） 3 たなか 4 チューくらい 5 ぽちゃん 6 好《す》き（すいか）？ 7 歯《は》、くさい

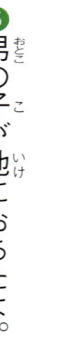

はってん

だじゃれをいっちゃえ

思《おも》わずふきだしちゃうような、おもしろいだじゃれをかんがえてみよう。

だじゃれをつくるコツ

- おなじ音《おん》のことばをたくさんさがそう。「どかん」は、ものの名《な》まえだけでなく、音《おと》をあらわすことばでもあるね。
- おなじ音《おん》でちがう意味《いみ》をもつことばをじょうずにつなげよう。「ねぎをねぎる」や「ぶたをぶった」のように、ものの名《な》まえと、うごきをあらわすことばをつなげると、おもしろいよ。

国語《こくご》じてんでおなじ音《おん》のことばをしらべてもいいね。

こんなだじゃれをつくったよ。

だじゃれはおくがふかいなぁ。

カンガルーがかんがえるー。

すきやきがすきや。

たびをはいて、たびに。

あのトナカイ、おとなかい?

サボテン、さぼってん。

しかをしかる。

かもかも!?

ことばあそび 6

きみもきっときにいるよ おなじ音《おん》がでてくる詩《し》

おなじ音《おん》がくりかえしでてくる詩《し》は、リズムがよくて、声《こえ》にだしてみるとたのしいよ。ここにあるわらべ歌《うた》をまねして、さいしょの音《おん》やさいごの音《おん》をあわせて詩《し》をつくってみよう。

こんなわらべ歌《うた》をしっているかな。「かん」「かん」のくりかえしがおもしろいね。

かんかんづくしを たずねたら
みかん きんかん さけの かん
おやじ やかんで 子《こ》は きかん
すもうとり はだかで かぜ ひかん
さるは みかんの かわ むかん

ゆうめいな「あんたがたどこさ」は、さいごについている「さ」の音《おん》のくりかえしがたのしい手《て》まり歌《うた》。「さ」のところで、まりやボールを足《あし》でまたいであそぶよ。

あんたがたどこさ ひごさ
ひごどこさ くまもとさ
くまもとどこさ せんばさ
せんばやまには
たぬきがおってさ
それをりょうしが
てっぽうでうってさ
にてさ やいてさ くってさ
それをこのはでちょいとかぶせ

やってみよう！ 音《おん》をあわせて詩《し》をつくろう

つくりかた

❶おなじ音《おん》ではじまることばを紙《かみ》にかきだそう。ものの名《な》まえ、ようすをあらわすことば、どうさをあらわすことば、なんでもいいよ。みつからないときは、国語《こくご》じてんでさがしてみよう。

❷かきだしたことばから、意味《いみ》がつながりそうなことばをえらぼう。「いつ、だれが、どんな、なにを、どうする」となるように、「が」や「を」をおぎなって、つなげていこう。

❸うまく意味《いみ》がつながらないときは、「きみの　いえから」のように、下《した》にことばをおぎなって、文《ぶん》にするといいよ。

「きく」「きん」
「きみ」「きる」
「きれい」
「きょく」
「きのう」

きょくが
きこえた

↓

きのう、
きみのいえから
きれいな
きょくが
きこえた。

こんな詩《し》ができたよ。

あした
あの子《こ》と
あきちで
あそぶんだ。
あめ、
あがると　いいな。

まいごの
まきぞえ、
まちぼうけ。

たんじょうびに
もらった
タンバリンは、
たいせつな
たからもの。

はってん

さいごの音《おん》やとちゅうの音《おん》をそろえて詩《し》をつくろう

おなじ音《おん》ではじまることばをつなげるのは、わりあいかんたん。さいごの音《おん》やとちゅうの音《おん》をおなじにするのは、けっこうむずかしいけれど、詩《し》にリズムがでてたのしくなるよ。

つくりかた

❶ことばをひとつかんがえて、そのことばとおなじ場所《ばしょ》におなじ音《おん》があることばをさがしていこう。

「みずあそび」
「すなあそび」
「ばたあし」
「からあげ」

❷意味《いみ》がつながるように、ことばをならべよう。

さいごの音《おん》をあわせるコツ

「みる」「くる」、「みた」「きた」のように、どうさをあらわすことばをつかうと、かんたんにさいごの音《おん》をそろえられるよ。

「みる」
「きる」
「たべる」

「みた」
「きた」
「たべた」

こんな詩《し》ができたよ。

ありんこ
はこんだ
かりんとう。

はる　くる
カエル　めざめる
ランドセル
ゆれる。

江戸時代《えどじだい》のしゃれことば

「おどろき　ももの木《き》　さんしょの木《き》」って、聞《き》いたことがあるかな。江戸時代《えどじだい》からある、おどろきをいいあらわすしゃれことばだよ。「き」が三《みっ》つそろっているところがおもしろいね。このほかに、「けっこう　毛《け》だらけ　ネコはいだらけ」というものもある。「そんなことおことわり！」っていう意味《いみ》のしゃれだけど、そのままいわれるよりも、やさしく聞《き》こえるね。

★☆☆

ことばあそび 7

文《ぶん》をもじってあそぼう

「こやり」？「こやぎ」？

「アルプスいちまんじゃく」の歌《うた》にある「こやりの上《うえ》」を、「こやぎの上《うえ》」とかえてあそんだことはないかな。文《ぶん》をもじると、にているけど意味《いみ》のちがうおもしろい文《ぶん》ができるよ。

お話《はなし》の題名《だいめい》をもじってみたよ。

かさこじぞう

あさごちそう

うらしまたろう
うらやましいだろう

おむすびころりん
こねずみにっこり

はなさかじいさん
あなからたくさん

きたかぜとたいよう
ひざかけあったかいよう

やってみよう！ ことわざをもじってみよう

むかしの人《ひと》のちえがつまったことわざ。ためになることがいわれているのに、ちょっともじると、べつのおかしな意味《いみ》になるよ。あたまをひねって、おもしろい文《ぶん》をつくろう。

つくりかた

❶おうちの人《ひと》や先生《せんせい》におしえてもらったことわざを思《おも》いだしてみよう。

❷ことわざの意味《いみ》を、ことわざじてんなどでしらべてみよう。

❸ことわざの音《おん》と、にた音《おん》をつかったことばをさがそう。

❹さがしたことばをつなげて、意味《いみ》のとおる文《ぶん》にしよう。

いそがばまわれ

意味《いみ》 いそいでいるのなら、とおまわりに思《おも》えても、かくじつなやりかたをするほうがよい。

↓

糸《いと》からまいて

意味《いみ》 糸《いと》を先《さき》にまいておかないと、いざというときにぬいものができない。なにごともじゅんびがたいせつ。

おもしろい文《ぶん》にするコツ

●もとのことわざと、もじった文《ぶん》の意味《いみ》がぜんぜんかけはなれてしまうと、あまりおもしろくないよ。意味《いみ》がすこしかさなるようにかんがえてみよう。

●「かきごおり」と「こおりおに」のように、音《おん》の一部《いちぶ》がおなじことばをさがしてみよう。ほかにも「たんぼ」と「マンボ」のような、「あ」の段《だん》、「い」の段《だん》などがそろったことばをさがすと、にたことばに聞《き》こえるよ。

●あまりかんがえこんでしまうとうまくいかない。みじかい時間《じかん》でつくるのがコツだよ。

＊お目玉《めだま》をくう＝目上《めうえ》の人《ひと》からきつくしかられること。

こんな文《ぶん》ができたよ。

くさってもたい

意味《いみ》　あじもかたちもよい「たい」は、くさってもほかの魚《さかな》とはちがうということから、ねうちのあるものはふるくなったりいたんだりしても、それなりのかちがあるということ。

あさっても貝《かい》

意味《いみ》　きのうも、きょうも貝《かい》のみそしるで、あさってもまた貝《かい》のみそしるで、かわりばえのしないこと。

目《め》は口《くち》ほどにものをいう

意味《いみ》　目《め》は口《くち》でいういじょうに、あいてにじぶんの気《き》もちをつたえることができるということ。

手《て》は口《くち》ほどにものをくう

意味《いみ》　つまみぐいをしてしまうほど、おなかがすいていること。

耳《みみ》にたこができる

意味《いみ》　くつがあたって足《あし》にたこができるように、なんどもおなじことをいわれて、耳《みみ》にたこができそうだという意味《いみ》から、おなじ話《はなし》をなんども聞《き》かされてうんざりしているようす。

秋《あき》にたこをあげる

意味《いみ》　お正月《しょうがつ》にあげるはずのたこを、秋《あき》にあげること。きせつはずれであることのたとえ。

むかしのことばあそび「地口《じぐち》」

むかしの人《ひと》も、ことばあそびが大《だい》すきだったよ。江戸時《えどじ》代《だい》には、ことわざなどをもじってしゃれをつくる「地口《じぐち》」が大《だい》りゅうこうした。百人一首《ひゃくにんいっしゅ》にあるゆうめいな和歌《わか》の一《いち》部《ぶ》、「いずこもおなじ　秋《あき》の夕《ゆう》ぐれ」をもじって「水《みず》くむおやじ　秋《あき》の夕《ゆう》ぐれ」とするなど、おもしろい地口《じぐち》がたくさんつくられたよ。この地口《じぐち》を＊あんどんにして、おまつりのときに神社《じんじゃ》や町《まち》のなかにたてて、たのしんだよ。

＊あんどん〔行灯〕＝木《き》のわくに紙《かみ》をはり、油《あぶら》をいれた皿《さら》に火《ひ》をともして明《あ》かりにした。

ことば あそび 8

くっつけたりわけたり
くっついてできたことば

いろいろなことばに、「はこ」ということばをくっつけてみよう。

おもちゃ
ふで
ほうせき
ごみ
はし
マッチ
げた
ごみ

ことばには、いくつかのことばがくっついてできているものがあるよ。ことばをくっつけてべつのことばをつくったり、くっついてできていることばをばらばらにしたりしてみよう。

おもちゃばこ
ほうせきばこ
マッチばこ

＋

はこ

ふでばこ
はしばこ
ごみばこ
げたばこ

くっつけると、ぜんぶ「はこ」が「ばこ」にかわるよ。
「おもちゃはこ」じゃなくて、「おもちゃばこ」だね。

ことばとことばが
くっついてできたことばは、
たくさんあるよ。
こんどは、くっついたことばを
ばらばらにしてみよう。

ことばを
ばらばらにすると、
くっついたときに
かたちがかわった
ことばがあるのが
わかるね。

- やきのり → やく＋のり
- ひなまつり → ひな＋まつり
- 朝《あさ》ごはん → 朝《あさ》＋ごはん
- 親《おや》子《こ》 → 親《おや》＋子《こ》
- ふろおけ → ふろ＋おけ
- たちさる → たつ＋さる
- はきもの → はく＋もの
- 水《みず》玉《たま》もよう → 水《みず》＋玉《たま》＋もよう
- オレンジジュース → オレンジ＋ジュース
- あるきまわる → あるく＋まわる
- ちからづよい → ちから＋つよい
- おとしあな → おとす＋あな
- おうだんほどう → おうだん＋ほどう
- 月《つき》夜《よ》 → 月《つき》＋夜《よ》

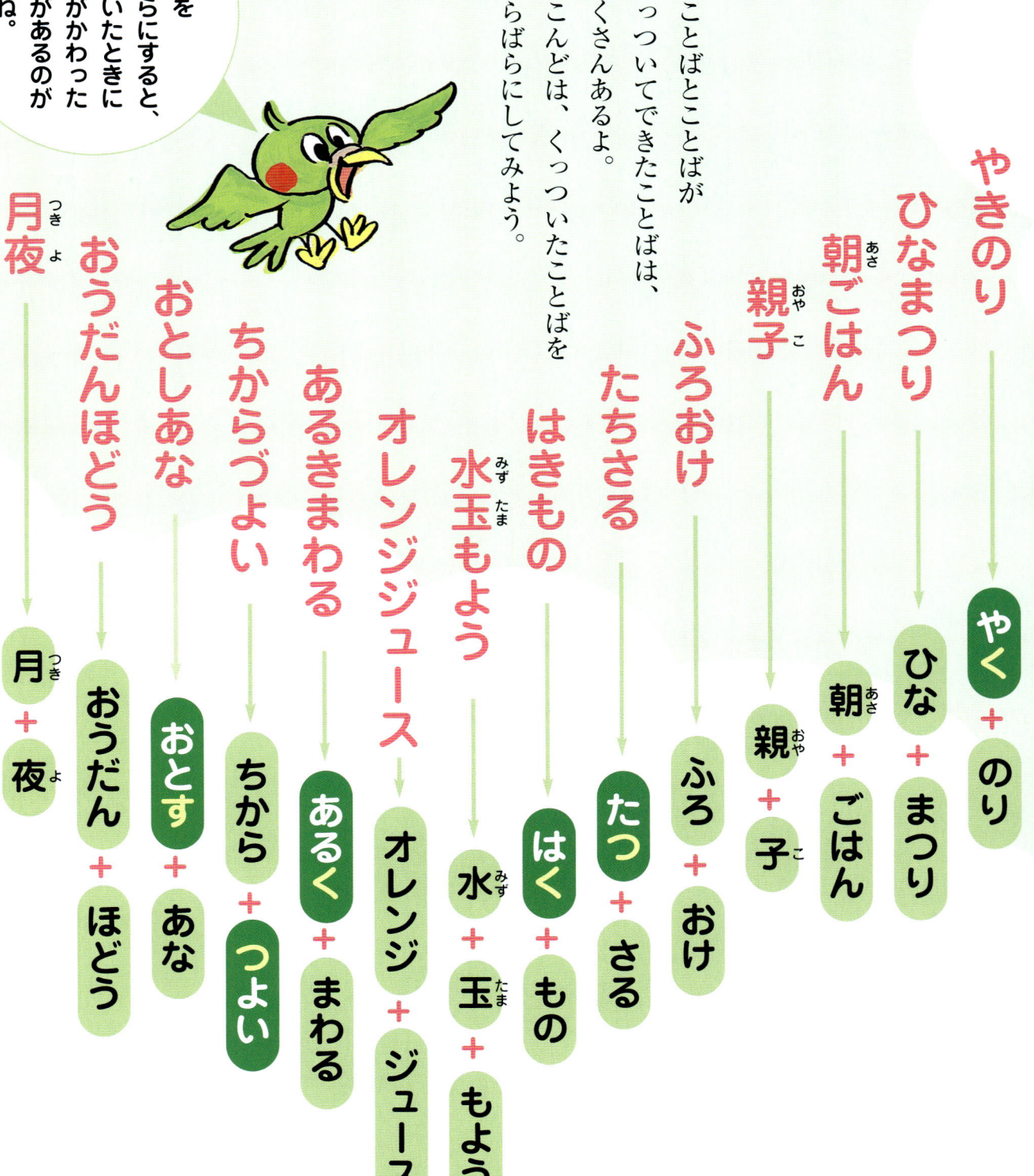

やってみよう!

ことばをたし算《ざん》してみよう

つぎのことばをたし算《ざん》して、ことばをいくつつくれるかな。ことばのかたちがかわるものもあるよ。きちんと意味《いみ》がつうじることばにしてね。

ことばを上《うえ》につけたり下《した》につけたりたし算《ざん》していこう。

「たてる」が「たて」にかわったり、「あめ」が「あま」にかわったりするよ。

上《うえ》のことばに、ひとつだけほかのことばとたし算《ざん》できないものがあるよ。気《き》がついたかな?

ことばをつくれたら、そのことばにしるしをつけていくといいよ。

答《こた》え

たし算《ざん》してできることば

くつした　したじき
はしおき　はしたて
ふでたて　かさたて
あまがさ　おきがさ
あまぐつ　くさとり
みちくさ　まわりみち
むしとり　したくさ
ふでばこ　はしばこ
くつばこ　とりばし

たし算《さん》できないことば　ふく

はってん

ことばをひき算《ざん》してみよう

こんどは、たし算《ざん》されたことばをひき算《ざん》して、ばらばらにしてみよう。

もんだい つぎのことばをばらばらにすることができるかな？

①かざぐるま

②ながれぼし

③ごはんぢゃわん

④おきあがる

⑤けいさんき

⑥まえがみ

答《こた》え
①かぜ　くるま　②ながれる　ほし　③ごはん　ちゃわん
④おきる　あがる　⑤けいさん　き　⑥まえ　かみ

たし算《ざん》してできているどうぶつの名《な》まえ

どうぶつやこん虫《ちゅう》の名《な》まえには、ことばがくっついてできているものが多《おお》いよ。たとえば、「とのさまがえる」は、からだが大《おお》きくて、かえるのなかでもとのさまのようだということからつけられた名《な》まえ。「かぶとむし」は、かぶとのようなかたちの角《つの》がある虫《むし》だから、こう名《な》づけられたんだね。ほかにも、「あらいぐま」「しまりす」「水牛《すいぎゅう》」など、どうぶつのとくちょうをあらわすことばがくっついてできている名《な》まえはたくさんあるよ。さがしてみよう。

ことば
あそび
9

ようすをつたえよう

のそのそといったら？

左《ひだり》の絵《え》のようすをせつめいするとき、どんなことばがつかえるかな？

1
食《た》べる
2
ねむる
3
わらう
4
あるく

「すべる」というよりも「つるつるすべる」といったほうが、どんなうごきなのか、はっきりとあいてにつたわるね。こうしたことばをつかい、うごきや気《き》もちのようすをつたえよう。

○にはいることばをかんがえてね。二回《にかい》くりかえすことばが多《おお》いよね。答《こた》えはひとつだけじゃないよ。

答《こた》え

1 ぱくぱく もりもり など
2 ぐうぐう ぐっすり など
3 くすくす にこにこ など
4 てくてく すたすた など

やってみよう!

どんなようすかな

つぎのことばは、気《き》もちのようすをあらわしているよ。いったいどんなようすかな。左《ひだり》の絵《え》からえらぼう。

1. どぎまぎする
2. がっかりする
3. ぐったりする
4. わくわくする
5. うきうきする

はってん

ふたつのことなるようすをせつめいすることば

ようすをあらわすことばは、きまったことばといっしょにつかわれることが多《おお》い。たとえば、「ぴかぴか」なら「光《ひか》る」だよね。でも、おなじことばが、ちがうようすをせつめいするのにつかわれることがあるよ。

つぎのことばは、どんなようすをあらわすときにつかわれるかな。

もくもく

と **はたらく**

だまってまじめにはたらくようす。

と **けむりがでる**

けむりがさかんにたちのぼるようす。

かんかん

に **なる**

ひどくおこるようす。

と **日《ひ》がてる**

日《ひ》がてりつけて、あついようす。

ことばあそび⑩

おなじ文字《もじ》をつかわずに いろは歌《うた》をつくろう

「いろは歌《うた》」をしっている？ むかしつかわれた四十七文字《よんじゅうななもじ》すべてのひらがなが、一回《いっかい》ずつはいった歌《うた》のことだよ。「いろは歌《うた》」をまねして、おなじ文字《もじ》をつかわずに文章《ぶんしょう》をつくろう。

ゆうめいな「いろは歌《うた》」だよ。声《こえ》にだして読《よ》んでみよう。

いろはにほへと
ちりぬるを
わかよたれそ
つねならむ
うゐのおくやま
けふこえて
あさきゆめみし
ゑひもせす

この「いろは歌《うた》」はむかし、文字《もじ》のれんしゅうのためにつかわれた歌《うた》。いまはつかわれていない文字《もじ》もはいっているね。

意味《いみ》

花《はな》はあざやかにさくけれど、すぐにちってしまう。この世《よ》ではだれもかわらないものはない。いろいろなものでみたされたこの世《よ》をきょう一《いち》日《にち》生《い》きて、はかないゆめなどみないようにしよう、お酒《さけ》によっているわけでもないのだから。

ひらがなをすべてつかった歌《うた》は、ほかにもあるよ。

とりなくこゑす
ゆめさませ
みよあけわたる
ひんかしを
そらいろはえて
おきつへに
ほふねむれゐぬ
もやのうち

坂本百次郎《さかもとひゃくじろう》 作《さく》

意味《いみ》

鳥《とり》がなく声《こえ》がしてゆめからさめた。夜《よ》があけた東《ひがし》の空《そら》をみなさい。空《そら》がうつくしくかがやいて、おきのあたりには、ほをかけた船《ふね》がもやのなかにあつまっている。

あめふれは
ゐせきをこゆる
みつわけて
やすくもろひと
おりたちうゑし
むらなへ
そのいねよ
まほにさかえぬ

本居宣長《もとおりのりなが》 作《さく》

意味《いみ》

雨《あめ》がふると、水《みず》がせきをこえる。水《みず》をわけて、おだやかにすべての人《ひと》が田《た》におりたってうえた苗《なえ》、そのいねよ、りっぱないなほとなって、ゆたかにみのるのだ。

すべての文字《もじ》をいちどだけつかって、しかも五七五《ごしちご》のリズムになっているなんて、すごいね。

やってみよう！ 文字《も》《じ》とりゲーム

五十音表《ごじゅうおんひょう》にある「あ」から「ん」までの文字《もじ》をいちどだけつかって、できるだけたくさんのことばをつくっていこう。いくつできるかな？

あそびかた

❶答《こた》えるじゅんばんをきめて、五十音表《ごじゅうおんひょう》から一文字《いちもじ》ずつえらんで、ことばをつくっていこう。つくったことばはかきとめておき、えらんだ文字《もじ》はけしていこう。

「さかな」「たぬき」
「いす」「まわる」「とり」
「ひみつ」「はむ」「のれん」
「へや」「ふね」「そら」
「あめ」「おけ」「うしろ」
「くも」
……もうだめ！
あいうえお
くけこ
しすせそ
ちつてと
にねの
はひふへほ
まみむめも
やゆよ
らりるれろ
わを
ん

❷ことばがでてこないときは、パスしてつぎの人《ひと》にまわそう。いちどえらんだ文字《もじ》をつかってしまったり、つかえる文字《もじ》がなくなったら、そこでおしまい。

「文字《もじ》とりゲーム」のコツ

- みじかいことばをつくるようにすると、たくさんのことばができるよ。
- ものの名《な》まえだけでなく、「まわる」など、うごきをあらわすことばもつくってみよう。
- ことばがでてこなくなったら、国語《こくご》じてんでしらべてもいいよ。
- 「を」は、ひとつのことばにはいらない文字《もじ》なので、つかえないよ。

うごきをあらわすことばだったら、「あるく」「はしる」かな……。
「よむ」「かく」っていうのもできるよ。
「のむ」「くう」

はってん

つくったことばを文《ぶん》にしよう

文字《もじ》をいちどだけつかって、たくさんのことばをつくったら、こんどはそれらのことばをつなげて、文《ぶん》にしていこう。

文《ぶん》をつくるコツ

- ものの名《な》まえのことばと、うごきをあらわすことばをつなげていくよ。

【れい】**ほん＋よむ**

- うまくつながらないときは、ことばをならべかえて、べつのことばにつくりかえよう。
- 「を」や「？」「！」をいれてもいいよ。

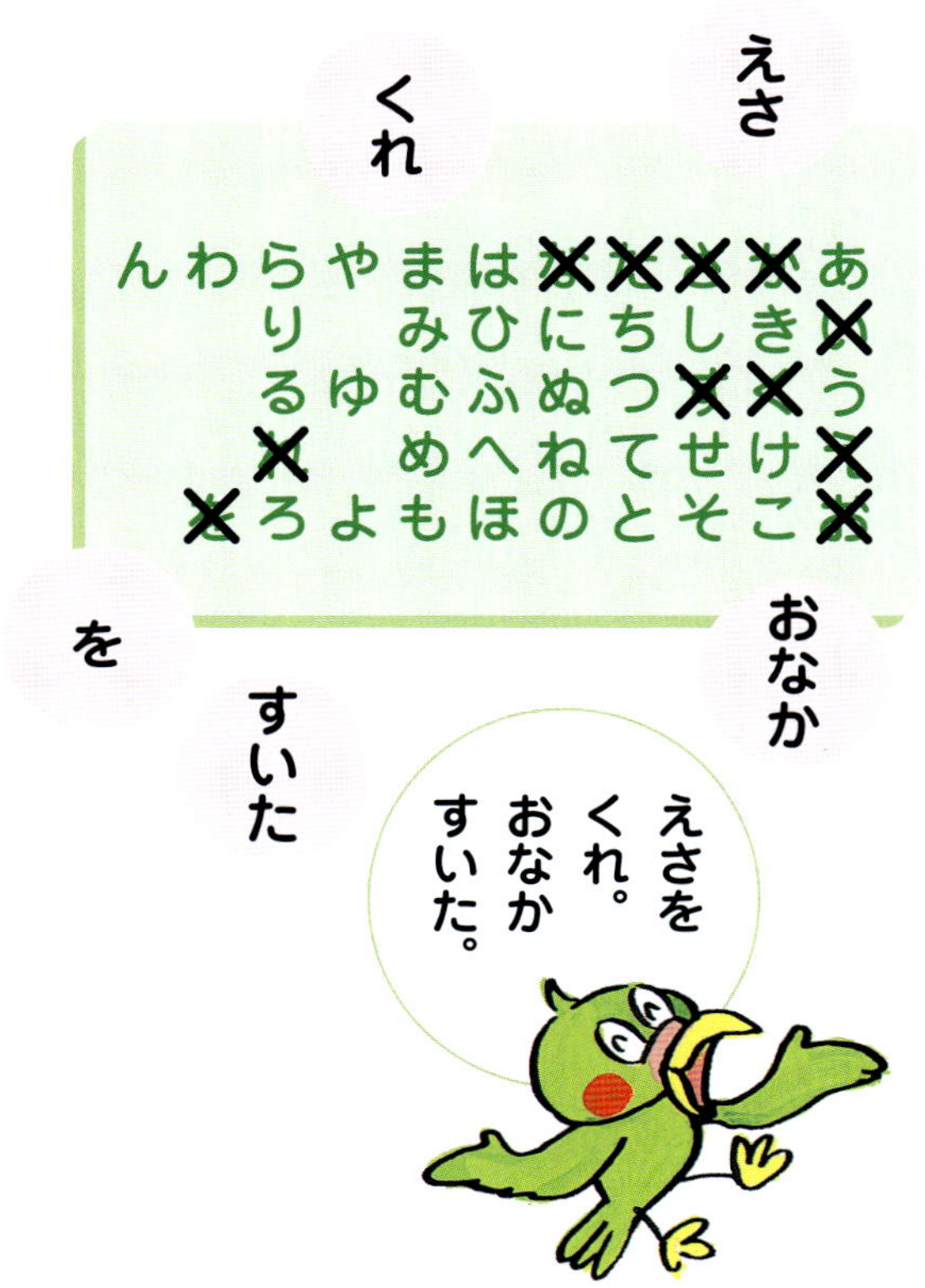

えさ
くれ
おなか
すいた
を
えさを くれ。おなか すいた。

さらに文章《ぶんしょう》を長《なが》くして、すべての文字《もじ》をいちどだけつかった「いろは歌《うた》」をつくったよ。

せみ なくす ほん よむ
へやに ひとり
そちらも あめ ふる？
きのう おかゆを わけた
しろい ねこは ぬれて
えさ まつ

「あ」から「ん」までのすべての文字《もじ》をいちどだけつかって、意味《いみ》がつながった文《ぶん》をつくるのはたいへん。むずかしいときは、ぜんぶの文字《もじ》をつかわなくてもいいよ。

ことばあそび 11

あなうめパズル

どんな文字《もじ》がはいる?

パズルの□に、ひらがなを一文字《いちもじ》いれよう。上《うえ》から下《した》へ読《よ》んでも、左《ひだり》から右《みぎ》へ読《よ》んでも、意味《いみ》のあることばになるよ。たてのことばとよこのことばに、きょうつうする文字《もじ》をさがしてね。

パズルのしかくいブロックに文字《もじ》をいれて、ことばをかんせいさせよう。

1

2

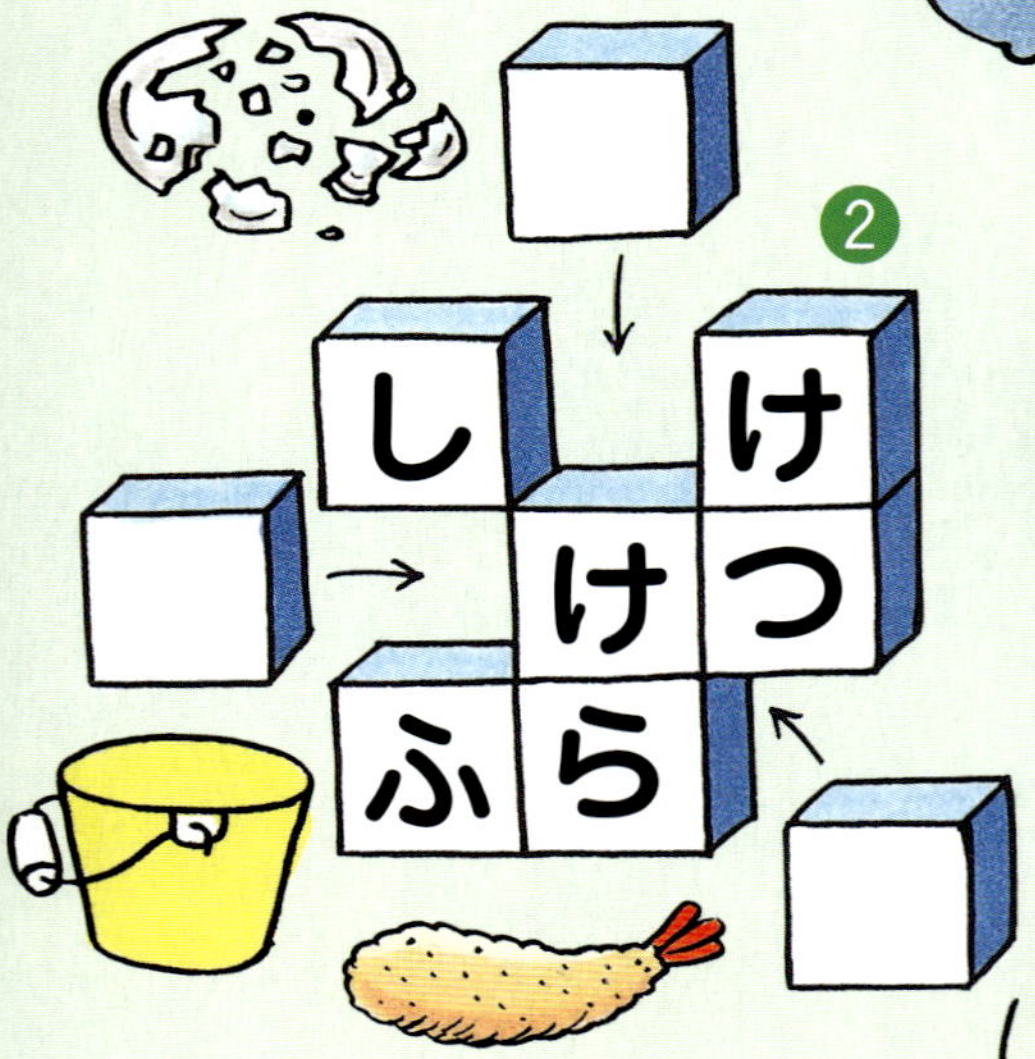

3

7

	ほ		り
ね		ざ	
		か	
	は		み
			れ

4

も		じ
な	の	
	り	ん

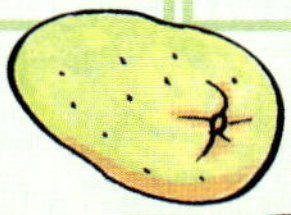
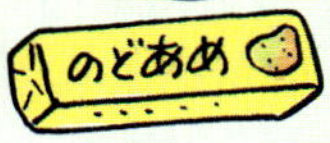

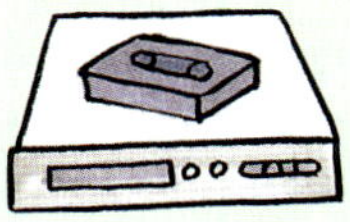

5

	く	が
う	ど	
か		こ

8

			キ			
		ド	ー		ッ	ツ
	ー	ル		ン		
			ー			

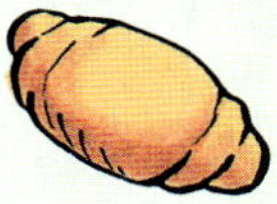

6

す		う	と	
	み		り	
		ぎ		

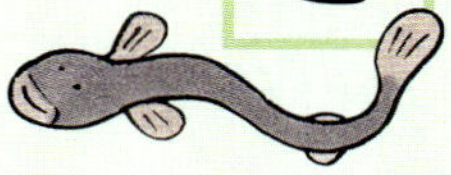

答《こた》えは47ページにあるよ。

★★★

ことばあそび⑫

ひらめきがたいせつ！ クロスワードパズル

クロスワードパズルってしっている？　カギとよばれるヒントを読《よ》んで、ことばをうめていくよ。上《うえ》から下《した》に読《よ》んでも、左《ひだり》から右《みぎ》に読《よ》んでもことばになるように、マス目《め》をうめてね。

つぎのクロスワードパズルにちょうせんしよう。ぜんぶカタカナでうめていこう。

9	7	5	■	3	1
■	10				
8			■	13	
11		■	4		■
	■	6			2
12				■	

たてのカギ

❶あしたの夜《よる》は、ぼん○○○にいこう。
❷田《た》んぼでとれるもの。これをたくとごはんになるよ。
❸おうちの人《ひと》がじゅぎょうをみにくる日《ひ》。
❹つらいことを、じっと○○○する。
❺電車《でんしゃ》は○○○の上《うえ》をはしるよ。
❻家《いえ》のいちばん上《うえ》にある部分《ぶぶん》。
❼もらったしりょうは、きちんと○○○にまとめておこう。
❽ダイヤモンドやルビーなどの石《いし》をまとめてこうよぶよ。

よこのカギ

❸せんたくものを○○にほす。
❹カモのなかまの鳥《とり》。冬《ふゆ》になると海《うみ》をこえて日本《にほん》にくるよ。
❻山《やま》にむかって「ヤッホー」っていうと、これがかえってくる。こだまともいうよ。
❽さつまいもをアルミ○○○につつんでやきいもをしよう。
❾ふわふわのフランスのやきがし。チーズやチョコレートがはいっているものもあるよ。
❿チョコレートやクッキーのなかにはいっている木《き》の実《み》。
⓫フリーマーケットでいらない服《ふく》を○○。
⓬今年《ことし》のまえの年《とし》。
⓭いねがじゅうぶんにみのったから、らいしゅうは「いね○○」をするよ。

やってみよう! もっとクロスワードパズルにチャレンジ

■	3	2		1
4			■	
5				
6			■	
■		■	7	

たてのカギ

❶もくてきの場所《ばしょ》にいくのに、とおい道《みち》をとおっていくこと。
❷神社《じんじゃ》やお寺《てら》のしきちのこと。
❸○○○○○せずに、なんでも食《た》べよう。
❹わたしの○○○は音楽《おんがく》をきくことです。

よこのカギ

❸氷《こおり》の上《うえ》をすべるスポーツ。
❹戸《と》やしょうじの下《した》にあるみぞのついた木《き》。
❺雪《ゆき》がたくさんつもったらこれをつくろう。
❻明《あか》るい○○○がひらける。
❼○○に糸《いと》をとおして、布《ぬの》をぬうよ。

ぜんぶできたかな?

答《こた》えは47ページにあるよ。

はってん

むずかしいクロスワードパズルにチャレンジ

もっとことばの数《かず》が多《おお》いのも、といてみよう。むずかしいことばもはいっているよ。たてのカギだけではとけないときは、よこのカギからかんがえてうめていくといいね。

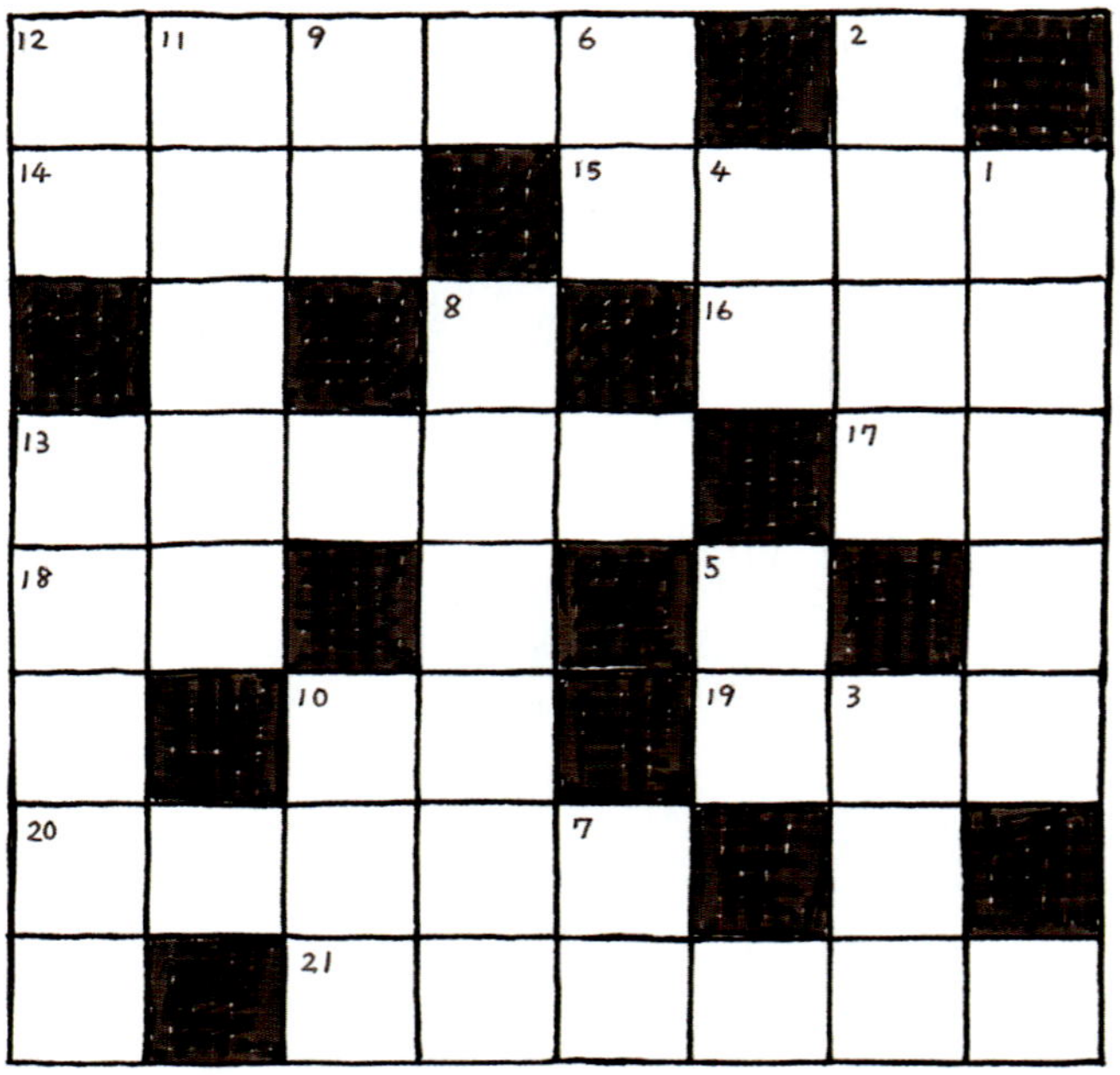

たてとよこりょうほうからかんがえていこう。

たてのカギ

1 ももたろうがこしにつけてでかけたものは。

2 秋《あき》のおわりから冬《ふゆ》にふく風《かぜ》。木《き》をからすくらいつめたいから、こういうよ。

3 前《まえ》かがみになって、せなかがまがったしせい。

4 畑《はたけ》をたがやすどうぐ。

5 部屋《へや》のいり口《ぐち》にあるもの。

6 「ジャーン」という音《おと》がする中国《ちゅうごく》の打楽器《だがっき》。

7 夏《なつ》の夜《よる》には○○だめし。

8 本《ほん》がたおれないようにささえるもの。

9 ごはんを○○。

10 『金閣寺《きんかくじ》』などでゆうめいな小説家《しょうせつか》、○○○由紀夫《ゆきお》。

11 かめばかむほど味《あじ》がでる、といわれる食《た》べもの。

12 切《き》ったりおったり、絵《え》をかいたりするもの。

13 もったいぶって、なかなかださないこと。

よこのカギ

10 じっさいよりもよくみせようと○○をはる。

12 シュークリームやパンにはいっているクリーム。

13 もうすこしやせたいから○○○○をする。

14 赤《あか》ちゃんは○○○をのんで大《おお》きくなるよ。

15 かべにこんなことをしてはいけません。

16 春《はる》になるとでてくる山菜《さんさい》。

17 しょくぶつのしゅるいで、きょうりゅうがいたころからあったよ。

18 オスには角《つの》がある。奈良公園《ならこうえん》にたくさんいるよ。

19 めんどうみがよくて、きっぷのいい女《おんな》の人《ひと》を「○○○はだ」というよ。

20 カメラのことをむかしはこうよんだよ。

21 フランス語《ご》でおじょうさんという意味《いみ》。

答《こた》えは47ページにあるよ。

答《こた》え 42・43ページのあなうめパズルの答《こた》え

1

	い	
さ	か	な
	り	

2

し	か	け
ば	け	つ
ふ	ら	い

3

す	の	こ
い	は	ん
か	ら	て

4

も	み	じ
な	の	か
か	り	ん

5

ろ	く	が
う	ど	ん
か	い	こ

6

す	も	う	と	り
	み	な	り	
		ぎ		

7

	ほ	こ	り
ね	ん	ざ	
		か	す
	は	な	み
			れ

8

			キ			
		ド	ー	ナ	ッ	ツ
ロ	ー	ル	パ	ン		
			ー			

答《こた》え 44・45・46ページのクロスワードパズルの答《こた》え

44ページの答《こた》え

ス	フ	レ		サ	オ
	ア	ー	モ	ン	ド
ホ	イ	ル		カ	リ
ウ	ル		ガ	ン	
セ		ヤ	マ	ビ	コ
キ	ヨ	ネ	ン		メ

45ページの答《こた》え

	ス	ケ	ー	ト
シ	キ	イ		オ
ユ	キ	ダ	ル	マ
ミ	ラ	イ		ワ
	イ		ハ	リ

46ページの答《こた》え

カ	ス	タ	ー	ド		コ	
ミ	ル	ク		ラ	ク	ガ	キ
	メ		ブ		ワ	ラ	ビ
ダ	イ	エ	ッ	ト		シ	ダ
シ	カ		ク		ド		ン
オ		ミ	エ		ア	ネ	ゴ
シ	ヤ	シ	ン	キ		コ	
ミ		マ	ド	モ	ア	ゼ	ル

監　修　　**吉永幸司**（よしなが・こうし）

滋賀大学学芸学部卒業。滋賀大学教育学部附属小学校教諭を26年間つとめた後、同副校長、公立小学校校長を経て、現在、京都女子大学教授・京都女子大学附属小学校校長。著書に『「よさ」を生かす教師力・授業力・実践力』（明治図書）、『「語い力」を育てる指導法のアイディア』（小学館）他多数。2003年、教育研究賞（日本教育研究連合会）受賞。

編集・制作　(株)童夢
装　丁　芝山雅彦（SPICE）
本文デザイン　森　孝史
イラスト　いとうみき

日《に》本《ほん》語《ご》の力《ちから》がのびる　ことばあそび①
ひらがな・カタカナ

発　行　2007年3月　第1刷 ©
2016年6月　第8刷

監　修　吉永幸司
発行者　長谷川 均

発行所　**株式会社ポプラ社**
〒160-8565　東京都新宿区大京町22-1
振替：00140-3-149271
電話：03-3357-2212（営業）
03-3357-2216（編集）
ホームページ　http://www.poplar.co.jp（ポプラ社）
印刷・製本　図書印刷株式会社

ISBN978-4-591-09606-2 N.D.C.811/47p/27cm Printed in Japan

国語の授業や頭の体操に最適！
言葉遊び本の決定版。

小学校低学年～中学年向き

日本語の力がのびる
ことばあそび
（全5巻）

ポプラ社

監修／吉永幸司
（京都女子大学教授）

揃定価 14,700円
（揃本体14,000円）
AB判（27cm×22cm）
各47ページ
定価 各2,940円
（本体各2,800円）

特別堅牢製本図書

ISBN978-4-591-99842-7
N.D.C.810（日本語）

N.D.C.811 **1** **ひらがな・カタカナ**

早口ことば、数え歌、しりとり歌、だじゃれ、韻をふんだ文章、地口、擬音語・擬態語など、日本語の「音」を使った遊びを紹介。

N.D.C.811 **2** **漢字であそぼう**

おなじ部首の仲間さがし、漢字カルタ、漢字しりとり、創作四字熟語、熟語の迷路など、漢字を使ったさまざまな遊びを紹介。

N.D.C.811 **3** **文字であそぼう**

絵かき歌、判じ絵、回文、絵の中の文字探し、アナグラム、読み込み文、左右対称文字など、文字の形を使った遊びを紹介。

N.D.C.814 **4** **ことばをあつめよう**

さまざまな一人称、慣用句・ことわざ、対義語、こそあど言葉、さまざまな方言など、語彙をあつめることを中心にした遊びを紹介。

N.D.C.807 **5** **友だちにつたえよう**

伝言ゲーム、ジェスチャー、手話、手旗信号、暗号文、なぞかけなど、みんなでやるとより楽しい言葉遊びの数々を紹介。

カタカナ表《ひょう》

ヤ	マ	ハ	ナ	タ	サ	カ	ア
(イ)	ミ	ヒ	ニ	チ	シ	キ	イ
ユ	ム	フ	ヌ	ツ	ス	ク	ウ
(エ)	メ	ヘ	ネ	テ	セ	ケ	エ
ヨ	モ	ホ	ノ	ト	ソ	コ	オ

リャ	ミャ	ヒャ	ニャ	チャ	シャ	キャ
リュ	ミュ	ヒュ	ニュ	チュ	シュ	キュ
リョ	ミョ	ヒョ	ニョ	チョ	ショ	キョ